यादे है जो कभी हँसती है, कभी इठलाती है।

मुस्कुराती यादें

यादें है जो कभी हँसती है, कभी इठलाती है।

मुस्कुराती यादें

आरती मित्तल

Worldwide Published by

Pendown Press

PENDOWN PRESS

An ISO 9001 & ISO 14001 Certified Co.,
Regd. Office: 2525/193, 1st Floor, Onkar Nagar-A,
Tri Nagar, Delhi-110035
Ph.: 09350849407, 09312235086
E-mail: info@pendownpress.com
Branch Office: 1A/2A, 20, Hari Sadan, Ansari Road,
Daryaganj, New Delhi-110002
Ph.: 011-45794768
Website: PendownPress.com

First Edition: 2021

ISBN: 978-93-90116-56-0

Cover, Layout and Illustration by Pendown Graphics Team

Printed and Bound in India by Thomson Press India Ltd.

विषय-सूची

आभार

पहला नमन ईश्वर को, उन्होंने मुझे मेरे सपनों को पूरा करने हेतू ताकत दी।

"मेरे परिवार" को मेरा सहृदय धन्यवाद की, सबने मेरे सपनों को पूरा करने में पूरा सहयोग दिया।

पेनडाउन प्रेस की टीम को भी मेरा आभार की उन्होंने मुझे अवसर दिया, और मेरी रचनाओं को प्रकाशित किया।

"मुस्कुराती यादें" मेरी रचनाओं का दर्पण है जो हम हकीकत में महसूस तो करते हैं, पर व्यक्त नहीं कर पाते।

ये सिर्फ मेरी भावनाओं की अनुभूतियाँ नहीं हैं बल्कि हर इंसान की सोच, भावनाओं का समावेश हैं जो सिर्फ इसलिए व्यक्त नहीं हो पातीं कि "दुनिया क्या सोचेगी या क्या कहेगी?"

मुझे उम्मीद है कि इन रचनाओं के माध्यम से आप खुद को इनसे जुड़ा हुआ महसूस करेंगे।

—आरती

पुस्तक परिचय

मुस्कुराती यादें सफर है यादों का, जो न मेरी है, न तेरी है, ये हम सबकी हैं और हम सब के पास बहुत सारी यादें हैं। वैसे तो ये कोने में संजोकर रखी थी, जिन्हें मैंने सबके सामने पढ़ डाला है। जिन यादों पर हम सबने पर्दा डाला है उनमें दर्द के घूंट भी हैं, उनमें सबका सुकून भी है और प्रकृति के संग में हर माँ का आँचल भी है। इन यादों के सफर में मैं अकेले न चली, मेरे साथ है आप सबकी हर बात जो शायद है अनकही।

लेखक परिचय

नाम से पहचान हो, यह काफी नहीं है। मेरा काम मुझे पहचान दिलाए इसीलिए यह मेहनत की है।

नाम तो है आरती मित्तल, जो 30 मार्च 1984 को एक बगिया में खिली।

पहचान पाने आई आपके द्वार पर प्रभू कृपा से। धन्यवाद पेनडाउन प्रेस की टीम का, जो सपनों को सच करने में पूर्णरूप से सहयोग दे रही है।

परिवार ने भरपूर सहयोग दिया है, यह मेरा सौभाग्य है। मेरा ईश्वर को सहृदय धन्यवाद क्योंकि जो सपना पूरा हो रहा है वह उनकी अनुकंपा से ही हो पा रहा है।

बेबसी

समझ नहीं आ रहा है क्यों है कोई खफा,
हो गई क्या न जाने हमसें कोई खता।

की अगर है हमनें कोई खता तो हमें इस बात की इतला दें,
की है क्या वो भी हमको तू बतला दे।

तेरे लिए तो हम हँसते-हँसते अब तक सब कुछ करते गए सहन,
सब कुछ सह सकते हैं, पर तेरी खामोशी नहीं होती सहन।

वक्त होता है उन गमों का इलाज,
जिन पर चलता नहीं दिल का राज।

दिल बहुत बेबस और मजबूर है,
क्योंकि धड़कन दिल से बहुत दूर है।

धड़कन के बिना दिल की क्या है कीमत,
हमारी वफाओं की तुम्हारी नजरों में क्या है कीमत।

प्यार न सही दोस्त तो हैं ही हम,
इतने भी गैर नहीं कि बाँट नहीं सकते तुम गम।

तूने तो कह दिया कर लो इंतजार,
दिल है सिर्फ अब तेरी आवाज को सुनने को बेकरार।
आँखें करना चाहती है सिर्फ तेरा दीदार।।

-आरती-

गुनाह और सज़ा

हर लम्हों में मुस्कुराहटों को ढूँढते थे,
पर गम इतने थे के सब्र कि बाँध भी टूटते थे।

क्या यह गलत है कोई हमें समझे,
गमों को भूलने की कोशिश में रहे हम उनमें उलझे।

हर पल एक नया सवाल है हमारे लिए,
हर पल गमों का तोहफा है हमारे लिए।

नाराज किसी और से तो तब हों हम,
जब किसी के साथ न्याय किया हो हमने,

खुद से ही लड़ते रहे,
चाहे साथ हमारे गलत किया था सबने।

सबके गुनाहों की सजा खुद को दी,
खुद को देकर भी हर खुशी उन को दी।

हमेशा यही तो सोचा, कि किसी को न हो
हमारी वजह से कोई तकलीफ,

पर सबने हमको ही दे दी हर तकलीफ।
मुस्कुराने की फिर भी वजह रहे ढूँढते,

लोग फिर भी हम में कोई खामी रहे ढूँढते।

-आरती-

आँसू

सपनों को सच था जो करना,
आँखों को फिर आँसुओं से न भरना।

आँसुओं का क्या है वो तो हैं बिन बुलाए मेहमान,
आने न देना चाहे टूटें और भी तुम्हारे अरमान।

इनका मोल न जाने हर कोई,
चुका भी नहीं सकता इन्हें हर कोई।

अब तक आस ही तो की थी,
हर खुशी की चाह ही तो की थी।

हमने न माना दुखों को अब कुछ,
ज़िंदगी में खुशी ही होगी सब कुछ।

खुश रहने के लिए वजहों की नहीं है जरूरत,
गमों से लड़ने की है अब हममें ताकत।

जाने न क्यों, एकदम कोई दिल के हो जाता है करीब,
क्यों उसके साथ रहने से खिल उठता है नसीब।

हर बातों का यों तो नहीं होता मोल,
पर शायद बन जाती है यादें अनमोल।

ज़िंदगी के कुछ फैसले जरूरी है,
पर मत भूलो उन फैसलों के लिए ज़िंदगी जरूरी है।

-आरती-

मुस्कान

जिन मुस्कुराहटों को तुमने सबमें बाँटा,
सबको दिया फूल निकालकर उसमें से काँटा।

कहाँ खो गई तुम्हारी प्यारी सी मुस्कान,
जो भुला देती थी औरों को उनकी थकाना।

जिन वजहों से जुदा है वो तुम से,
उन वजहों को निकाल फेंको तुम अपने दिल से।

मानते हैं हम तुम्हारे दिल के इतने नहीं है करीब,
पर जानते हैं एक मुस्कुराहट से बदल जाते हैं नसीब।

दुनिया और लोग शायद ताकत से जीते गए,
पर दिल तो एक मुस्कुराहट से जीते गए।

सूरजमुखी भी खिलता है सूरज को देख कर,
तुम क्या छिपा रहे हो हमसे यों मुँह फेर कर।

मुस्कुराकर तो एक बार दिखलाओ,
हम सब के लिए एक बार तो मुस्कुराओ।

क्या लगते हैं तुम्हारे ये तो मालूम नहीं,
पर कुछ माँग न सके हम इतने भी गैर नहीं।

-आरती-

चाहत

माना कि मुश्किल है राहें जीवन में,
यह तो बतलाओं मुश्किल है नहीं किसके जीवन में।

राहों पर जब निकले पड़े तो अब डरने की क्या है बात,
जीते या न जीते डर नहीं क्योंकि तू है साथ।

चाहतों को पूरा जब करना हो, आँखों में बसा एक सपना हो,
और वो सपना अगर अपना हो, सपनों को जब पूरा करना हो।

राहों में चाहे हों फूल या हों काँटे,
चलने वाले फिर भी डरते नहीं।

पूरा करके ही लेते हैं दम,
उससे पहले वो साँस भी लेते नहीं।।

चाहत ही काफी है कुछ कर गुजरने की,
राह मिल ही जाती है फिर चलने की।

पहाड़, दरिया, तूफान भी नहीं आते आड़े,
देख कर उनके बुलंद इरादे।

मंजिल तक पहुँचने पर भी भूलते नहीं अपने वादे,
वो रहे न चाहे, पर दिल में बस जाती है उनकी यादें।

-आरती-

फूल और काँटें

शायद कहीं खो रही थी मैं,
दुनिया की भीड़ में शायद तन्हा थी मैं।
भूल रही थी खुद, खुद के साथ हूँ मैं।।

कर रही थी गिले कि कोई नहीं करता मुझसे प्यार,
भूल गई थी खुद मैं भी नहीं कर रही भी खुद से प्यार।

अचानक एक हवा के झोंके के साथ कोई आया,
मेरा खुद का खुद से किया हुआ वादा याद आया।

जो देते हो सबको वही तुमको भी मिले,
फूल भी काँटों के बीच में ही है खिले।

काँटों के डर से फूलों की मुस्कुराहट को भूले थे,
पेड़ों की डालों पर खाली पड़े सब झूले थे।

झूलों को फिर से था जो भरना,
फिर क्या फूलों के साथ लगे काँटों से था डरना।

खुद को हमेशा फूलों सा महका कर रखेंगे,
अब हम किसी और के लिए नहीं खुद के लिए सजेंगे।

-आरती-

दिल

दिल को हो रही है खुशी, कोई तो उसको समझा।
हकीकत ने न सही, सपनों ने तो उसे समझा।।

मुस्कुरा रहा है दिल, ज़िंदगी में एक नया रंग भरा।
आसमां में चमक रहा एक तारा झिलमिल,
चाहे वो है अनेक तारों से भरा।।

दुखों में दिया जो तूने साथ,
तो खुशियाँ भी तेरे साथ ही बाँटेंगे।

छोड़ेंगे न कभी तेरा हाथ,
तेरे लिए अब हम सारे सुख छाँटेंगे।।

दिल की बातों को जो तूने समझा।
किसी और ने न सही, तूने तो हमको समझा।।

दूर होकर भी कुछ लोग दिल की हर खुशी
और दुख को समझ जाते हैं।

और कुछ लोग पास होकर भी सिर्फ गमों के सागर में
धकेल के चले जाते हैं।।

-आरती-

सपने

आँखों से सपने जाने कौन चुरा ले गया है,
जाने-अनजाने उन्हें वो पूरा कर गया है।

दिल में हो रही है अजीब सी हलचल,
कहना चाहता है वो तो कुछ मचल-मचल।

ख्वाबों में जो कुछ देखा किया था,
अभी-अभी कुछ वैसा ही महसूस किया था।

कोई अनदेखा-अनजाना हवा के संग छू गया,
वो तो अनजाने में दिल के हर तार को छेड़ गया।

इस कदर मुझे खुद से कर गया बेखबर,
बहती हवाओं से पूछती हूँ खुद की खबर।

हवाओं का कुछ ऐसा है अंदाज,
लग रहा है जैसे शायद हो हम किसी के लिए खास।

उस किसी का दिल कर रहा है इंतजार,
वो है सबसे प्यारा इस बात का भी ऐतबार।

फूलों सा महक रहा है ये मन,
चारों तरफ बज रही है एक अजीब सी तरंग।

-आरती-

मन

अजीब सी हलचल मची है दिल में,
अजीब सी बैचेनी फैली है दिल में।

लोगों को हमेशा रहता है सुबह का इंतजार पर
हम करना चाहते हैं चाँद का दीदार,

उन्हें समझाए कौन, चाँद होता है बेकरार,
करने को चाँद का दीदार।

पाँख लगाकर आसमान पर उड़ने की चाह है,
उस चाँद के पास हमेशा रहने की चाह है।

एक तमन्ना है उड़ा ले जाए ये हवा अपने संग,
भर दे मुझमें अपना वो हर रंग।

हर रंग इस कदर मेरे पास है,
पर आज मुझे उससे ज्यादा की आस है।

बड़ा प्यारा होता है हवा का अहसास,
पर जाने क्यों लग रहा है जैसे कोई नहीं है पास।

आज लग रहा है सब कुछ जैसे हो ठहरा,
बैठा हो जैसे आज सब पर कोई पहरा।

खिला हुआ है चाँद तो पूरा,
पर चाँदनी है मध्यम-मध्यम।

जैसे कहना चाहता है कुछ ईश्वर,
और बना रहा है कुदरत के मध्यम।

चल तो रही है हवा, पर है घुटन का अहसास,
सावन, घटाएँ, बरखा सब तो है कुदरत के पास।

कुछ बादल है बिखरे-बिखरे से,
कुछ बादल लगते हैं सँवरे-सँवरे से।

उदासी छायी हुई है जैसे मौसम में,
हर रंग बेरंग सा है आज मौसम में।

चाँदनी खिलना तो चाहती है,
पर आज उस पर उदासी की एक रेखा आती सी है।

-आरती-

मौसम

मौसम ने ली है आज फिर अंगडाई,
बाँहे खोल कर अपनी हवाएँ आज फिर मुस्कुराई।

नया-नया और धुला-धुला लग रहा है सारा जहान,
सब हैं खूबसूरत, सबको है इसका गुमान।

गरज रहे हैं आज से पागल बादल,
दुनिया से कुछ आज कह रहे हैं ये बादल।

कुदरत इस कदर बतियाती है जानते न थे,
उसके प्यार को हम पहचानते न थे।

साहस है इसमें इतना आज चल रहा है इसका पता,
अडिग पेड़ों को भी झुका देती है इसकी अदा।

टिप-टिप, टिप-टिप बारिश भिगोने लगी है आज खुद में,
ऐसा लग रहा है खुबसूरती सबकी आ गई है अब मुझमें।

-आरती-

सुबह

बड़ा प्यारा है मौसम का मुस्कुराना,
पक्षियों का चहचहाना।

सुबह-सुबह हर ताजगी का अहसास है,
एक हल्की सी प्यारी सी मुस्कान सबके पास है।

घुला-घुसा सा लग रहा है आसमान,
हवाएँ दे रही है एक नया फरमान।

भेज रहा है कुछ तो मौसम,
थाम लो शायद हो कोई पैगाम।

आँखों में सच्चाई की है कहानी,
जो उनमें है बस रहा प्यार है,
वो नहीं है सिर्फ पानी।

आज एक खुशी आँखों से छलक रही है,
हर अदा अपना रंग बिखेर रही है।

खामोशी ने फैलाया है खुमार मौसम में,
आँखों ने फैलाई है मदहोशी मौसम में।

-आरती-

तस्वीर

हया के बादल अंबर में बिखरने लगे हैं,
शर्म के घूंघट अदा से उड़ने लगे हैं।

जुल्फें चहरे पर सेहरे की तरह सज गई है,
पैरों की पायल इतरा कर कुछ कह गई है।

पलके जब-जब शरमा के झुकती हैं,
ज़िंदगी तब-तब कुछ फरमाने की कोशिश करती है।

मौसम के संग बदलते देखा ज़िंदगी के हर रंग को,
हवा के संग बजते देखा कुदरत की हर तरंग को।

बहाना बना रही है पेड़ों की डाली,
चुराना चाह रही है सुर्ख गालों की लाली।

गालों का रंग चुरा कर आसमान में भरने की चाह,
आज कुदरत कर रही है खुद को मेरे हर रंग में
रंगने की चाह।

जाने न कहाँ से आए इतने सारे रंग मुझमें,
लिए है उधार या ये थे पहले से ही मुझमें।

हर रंग का अहसास हुआ है फिलहाल ही,
क्या ज़िंदगी ने मुझे छुआ है फिलहाल ही।

ज़िंदगी लग रही है एक खूबसूरत तस्वीर सी,
एक शर्मीली छबीली बागों के बीच टहलती सी।

लग रहा है जैसे प्यार की वादी में हों ठहरे,
सब हैं आजाद, हैं नहीं किसी पर भी पहरे।

झरने कल-कल कर बहते हुए,
है हर लबों पर मुस्कान बिखेरते हुए।

पेड़ है छाया लुटाते हुए,
कोई नहीं किसी से कुछ छिपाते हुए।

-आरती-

प्यार

जिस अहसास को सिर्फ महसूस किया जा सकता है,
वो कब जुबाँ से बयाँ किया जा सकता है।

उस अहसास को बयाँ करने के लिए ली जाती है
आँखों की मदद,
आँखों के जरिए होती है दिल की हर आरजू की मदद।

उस आँखों की जुबाँ को पढ़ने के लिए बेकरार,
कोई तो हो जिसने हमारे लिए खोया हो अपना करार।

कौन है वो और कहाँ है वो,
जाने कौन से जहान में छुपा है वो।

उसके आने की आहट ही हमें देगी इतला,
हमारे दिल की धड़कन हमें देगी उसका पता बतला।

वो जब ज़िंदगी में आएगा तो क्या होगा ज़िंदगी का ढंग,
उसके आने की आहट से ही ज़िंदगी में भरने लगे हैं
बड़े प्यारे रंग।
धुनें बज रही हैं जीवन में जैसे बजते हों जल तरंग।।

-आरती-

बादल

उमड़ते, घुमड़ते, गरजते से हैं बादल,
आसमान की बाँहों में पिघलते से हैं बादल।

अजीब सी मदहोशी फैला रहा है मौसम,
आज फिर अपना दिवाना बना रहा है मौसम।

बादलों से भरा है पूरा आसमान,
दिलों में जाग रहे हैं जाने कितने अरमान।

हवा इस कदर छूकर गुजर रही है,
जैसे वो भी मेरे साथ दिल्लगी सी कर रही है।

इस दिल्लगी में भी आ रहा है मजा,
उससे दूर होना लग रहा है सजा।

गरजते हुए बादल कुछ ऐसे लग रहे हैं,
जैसे किसी महफिल में ढोल बज रहे हैं।

संगीत बज रहा है कुदरत की हर अदा में,
मजा आ रहा है अब उसकी हर सदा में।

हवा का स्पर्श कुछ याद दिला रहा है,
कोई ख्वाबों से निकल कर इस दुनिया में आ रहा है।

नीले-नीले आसमान पर, सफेद बर्फ से बिखरे हैं बादल,
कुछ सँभले और कुछ बहके-बहके से हैं बादल।

तारों की चादर बने हैं आज ये बादल,
बना रहे हैं पागल आज ये बादल।

चाँद भी ले रहा है आज इन का सहारा,
इनमें छिपा है आज हर एक तारा।

प्यार की समझा रहे हैं एक नई परिभाषा,
बदल गई आज दुनिया की हर परिभाषा।

-आरती-

आख़िर क्यों?

क्यों अकेला होता है इंसान,
क्यों पूरे नहीं होते उसके अरमान?

क्यों वो हर वक्त मुश्किलों से गुजरता है,
क्यों वो तन्हाई से डरता है?

क्यों कर लेता है वो हर किसी पर ऐतबार,
क्यों वो फिर करता है किसी का इंतजार?

क्यों उसे कोई नहीं समझता है,
क्यों वो खुद से हर वक्त उलझता है?

क्यों ज़िंदगी को वो देता है ठहरा,
क्यों होता है उसके आज पर उसके कल का पहरा?

क्यों होती है उसे हर किसी से उम्मीद,
क्यों किसी के जाने से उड़ जाती है उसकी नींद?

आखिर क्यों वो अपनी चाहतों को दबाता है,
आखिर क्या है जो ईश्वर उससे चाहता है?

-आरती-

महक

एक खुबसूरत सी कशिश फैली हो राँहों में,
हर खुशी सिमटी हो काश! इन बाँहों में।

राहों में फूलों की महक इस कदर भरी हो,
पेड़ों की हर डाली हमेशा की तरह हरी हो।

छाया देते हों पेड़ों के पत्ते,
कंकड़ भी हों काश! राहों में सजते।

सूरजमुखी का सूरज को देखकर खिलना,
चकोर का चाँद की ओर प्यार से तकना।

जुबाँ चाहे हो जुदा पर बात तो एक ही है,
अंदाज हो जुदा पर अहसास तो एक ही है।

जवाँ-जवाँ है कुदरत की अदा,
हर शायर को देखा होते हुए इस पर फिदा।

आशिकी भरा है हवाओं का रुख,
आसमान हो गया है जैसे लाल सुर्ख।

खुशबू हवा की खुद में बस गई है,
आवारगी हमारी आसमान में सज गई है।

धीमे-धीमे पत्तों का हवा के साथ हिलना,
बड़ा सुहाना लगता है हवा से गले मिलना।

-आरती-

ज़िंदगी

ज़िंदगी हर मोड़ पर तन्हा छोड़ देती है,
नए रिश्ते कायम कर, पुराने रिश्तों को तोड़ देती है।

हर पहलू से देखें तो लगता है यही,
ज़िंदगी कह रही है कहानी कोई अनकही।

होठों पर मुस्कुराहट, आँखों में है पानी,
ज़िंदगी और तो कुछ नहीं बस सुख-दुख की है कहानी।

दुखों में हँसना जिसने सीख लिया,
समझो उसने मर के भी जीना सीख लिया।

जानते हैं ज़िंदगी के बारे में इतना,
ये है एक बड़ा सुहाना सपना,

जिसमें बनते हैं अपने पराए
और पल में बन जाता है पराया अपना।

दुख होता ही नहीं अगर पराया छोड़ देता है साथ,
दुख तो होता है तब, जब अपने छोड़ देते हैं हाथ।

होठों की जुबानी हो यह तो जरूरी नहीं,
कहानी सिर्फ अपनी हो यह भी तो मुमकिन नहीं।

-आरती-

मुस्कान

मदमाती, शरमाती सी होती है मुस्कान,
लुभाती पर न भरमाती है ये मुस्कान।

दिले ए नादान का गुपचुप हाल बताती है मुस्कान,
सब पर एक नशा सा बिखेरती है मुस्कान।

सबको अपना दोस्त बनाती है मुस्कान,
सबके दिलों से नफरत मिटाती है मुस्कान।

हर सुबह उगती है मुस्कान,
आसमान में बादलों के संग ठहरती है मुस्कान।

हर रात सपनों के साथ चहकती है मुस्कान,
सबकी थकान को भुला देती है मुस्कान।

सबको एक बात सिखलाती है मुस्कान,
कभी भी कुछ नहीं छिपाती है मुस्कान।

परियों सी चंचल है तुम्हारी ये मुस्कान,
निश्छल और प्यारी है तुम्हारी ये मुस्कान।

कुछ न कह कर सब कुछ समझाती है मुस्कान,
आँखों को कभी-कभी नम कर जाती है मुस्कान।

-आरती-

पलकें

हर पल जीने की है ललक,
सपनों को तोड़ना नहीं चाहती है पलक।

मूँदे रहना चाहती है आँखें पलके,
ताकि उन में से कोई भी सपना छलके।

कितना प्यारा लगता है प्यार भरा आशियाँ,
जितना हसीन होता है गुलों से भरा गुलिस्ताँ।

चमन के गुलों के साथ है खुश्बू,
नैनाँ के सपनों के साथ है जुस्तजू।

सपनों के महल में हैं अब हम,
उसमें है हर खुशी नहीं है कोई भी गम।
कोई भी नहीं है तन्हा, सब है संग।

एक परी ज़िंदगी में आ गई है,
सपनों से निकल कर जमीं पर छा गई है।

उसने सपनों को छुआ तो,
एक जादू सा चल गया,
सपनों के टूटने का डर था जो,
दिल से अब वो निकल गया।

मधुर-मधुर, मध्यम-मध्यम सा लग रहा है जीवन।
अब जब आँखों को खोला है हमने,
पाया हकीकत है सब, नहीं अब है वो सपने।

हर फूल और हर रंग रहा है मुस्कुरा,
सब कुछ तो लग रहा है पूरा,
रहा नहीं ज़िंदगी में कुछ भी अधूरा।

डर नहीं है किसी का भी क्योंकि सपने थामें है हाथ,
इतना है विश्वास इस बार नहीं छोड़ेंगे वो साथ।

-आरती-

आहट

रातों को चाँद को आसमान में देखा,
फिर अपने हाथों की लकीरों को देखा।

उसमें हमने जाने क्या देखा,
कि फिर हमने मुड़कर पीछे देखा।

जो होती है एक किस्मत की रेखा,
उसे तो हमने कभी भी न देखा।

चाहते तो बहुत कुछ थे पाना,
मुश्किल होता गया, अब हर दर्द को छिपाना

आँसू आ ही जाते हैं आँखों में,
दर्द जाने कितना छिपा है इन साँसों में।

हर आहट पर लगता है,
कोई है जिसे हमारी तालाश है,

दुख तो होता ही है जब हर किसी को
अपने मतलब की तालाश है।

-आरती-

सवाल

अक्सर लोगों का होता है एक सवाल,
उस एक सवाल में छुपे होते हैं जाने कितने सवाल।

नजर मिलाए तो वो भी करती है सवाल,
समझ नहीं पाता इसलिए होता है मलाल।

हार कर दिल ही देता है सबके जवाब,
हर बार ख्वाब बन कर रह जाते हैं ख्वाब।

ख्वाबों को सजाते हैं दिलोजान से,
तोड़ते हैं सब उन्हें बड़े अभिमान से।

न जाने किस चीज पर इतराते हैं,
हर खुशी पर गम के साये मंडराते हैं।

गमों के साये से भी डर लगता है,
दिल है कि जो औरों कि तकलीफों से पिघलता है।

समझ सके जो किसी के गम,
मिलते हैं दुनिया में ऐसे लोग अक्सर कम।

कुछ लोग मुस्कुरा कर गमों पर परदा डालते हैं,
और कुछ लोग दूसरों की खुशियों पर पत्थर मारते हैं।

-आरती-

चाँद

दिल कर रहा है भर लूँ उस चाँद को बाँहों में,
क्यों है वो आज उस चाँद की बाँहों में।

दिल पर कर रहा है असर उसका जादू,
जाने दिल क्यों हो रहा है बेकाबू।

चाँद का बड़ा प्यारा है अंदाज,
आज उसकी हर अदा है बिंदास।

एक बार जो देखा उसको,
फिर उसी को देखने को जी चाहता है,
जाने न उसकी मरजी, पर दिल आज उसके
आगोश में खोना चाहता है।

उसके एक दीदार ने कर दिया मदहोश,
चाहते हैं सब रहे होश में, और हम रहे मदहोश।

बिन पिलाए उसने तो हमको बना दिया मतवाला,
उसका एक दीदार ही बन गया मद का प्याला।

आँखों को मिल रहा है अजीब सा चैन,
और दिल ने पा लिया हर खोया हुआ चैन।

आज एक आरजू दिल में उठ रही है,
चाँदनी में चाँद की हर कशिश बिखर रही है।

चाँद की हर बिखरी हुई कशिश को खुद में समेटने की
चाह है,
जो रंग आज चाँद बिखेर रहा है उसमें खुद को रंगने की
चाह है।

पेड़ों की ओट में छिपने की अदा,
गगन की भी है कुछ उस पर मर मिटने की अदा।

हँस रहा है वो चाँद बैठा गगन पर,
दिल कह रहा है काश! आज होता मैं भी उस गगन पर।

तो होता वो चाँद मेरे करीब,
तन्हा होते हम दोनों न कोई और होता करीब।

सच कहें आज हो रही है हमें चाँदनी से जलन,
समझ में आ रहा है यही तो है प्यार का चलन।

सदियों से चाँद तो चाँदनी का ही है,
चाहे हों उसके लाखों दिवाने,

कौन जाने शमा को कौन भाए,
उस पर तो रोज मर मिटते हैं लाखों परवाने।

आज दिन नहीं चाह रहा इस कलम को रोकना,
शायद इसी को कहते हैं दिल की राहों को मोड़ना।

और कुछ नहीं तो काश वो मेरा गहना ही होता,
और कुछ नहीं तो उसको मैंने पहना ही होता।

कर रहा है असर कातिलाना,
उसका शरमाना, उसका इतराना।

कहती रहूँ और करती रहूँ बस आज उस चाँद की तारीफ,
दिल ही नहीं दिमाग भी कर रहा है आज तो उसकी तारीफ।

दिल कह रहा है वो हों मेरे आगोश में,
और मैं रहूँ मदहोश।

काश! आज वो हो जाए मुझ पर मेहरबान,
आज तो जी चाहता है लुटा दें अपनी जान।

-आरती-

आरज़ू

हया की लाली खुद में समेटे हुए,
बंद लबों से कुछ कहते हुए।
हर अदा मुस्कुरा कर सहते हुए।।

कड़कती धूप में भी है छाया का अहसास,
खुली आँखें हैं पर हर सपना है साफ।

एक कली हरदम मुस्कुराती सी,
भँवरों से छिप कर इठलाती सी।

ज़िंदगी के पन्नों पर लिखने की कोशिश,
खूबसूरत यादों को शब्दों में समेटने की कोशिश।

हल्की सी मुस्कान सबको दिवाना बनाती सी,
हर अदा प्यारी सी मुस्कुराती सी।

बंद पलकें कुछ राज खोल रही,
चुप रह कर भी हमसे कुछ बोल रही।

बातें हो रही नजरों के बीच,
प्यार को अपने अहसासों से रहे हम सींच।

हर चीज में एक खूशबू रही है बस,
देखो जो है आरजू कर लो पूरी आज,
कल रहे न कोई भी कसक।

-आरती-

दोस्ती

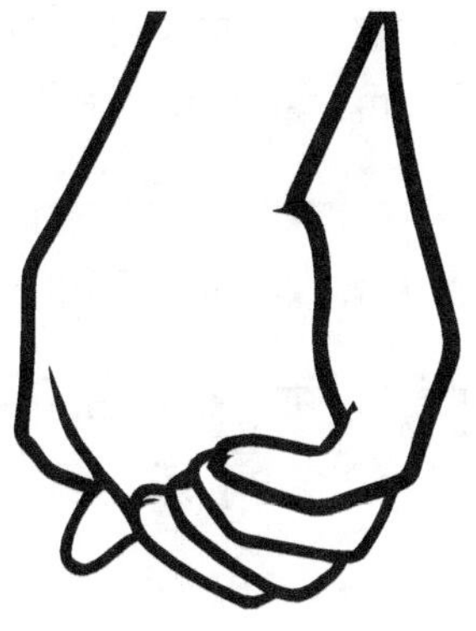

छोटी सी मुस्कुराहट पर भी दुनिया को लुटाने की चाहत,
अपने कदमों के साथ सुनी है जिनके कदमों की आहट।

तन्हा हाथों में महसूस की है उनकी मजबूत पकड़,
साथ देखकर हमें होते देखी गायब लोगों की अकड़।

फूलों की खुशबुओं सी ताजगी,
रिश्तों में आ न पाएगी कभी आवारगी।

हिना का हथेली पर चढ़े हुए गहरे रंग से भी गहरा,
विश्वास हो गहरा इतना, हो न कोई पहरा।

एक अश्क को निकालना पड़ सकता है महँगा,
तोलना तो नहीं चाहते पर यह रिश्ता है, सही में बहुत
महँगा।

भावनाओं का अगर होता कोई मोल,
तो शायद हमारा यह रिश्ता होता अनमोल।

मिले हैं जब से हम मिल गए ख्वाबों के काफिले,
ज़िंदगी में टूटेगे नहीं दोस्ती के ये सिलसिले।

दोस्ती की नई परिभाषा मिली,
तुमसे हमारी ज़िंदगी को एक सच्ची दोस्ती मिली।

तुम सबने ज़िंदगी को हमारी एक नया सिला दिया है,
हमें तुम सबने हर खुशी से मिला दिया है।

तुम्हारी वजहों से मुस्कुराहटें नहीं होती कम,
तुम्हारे डर से करीब भी नहीं आते अब गम।

-आरती-

सच्चाई

अदा के संग जुल्फों को संवारना,
पास आकर हवाओं का नजरें उतारना।

मुस्कुराहट बड़ी प्यारी लग रही है,
ऋतु जैसे फिजाओं से सज रही है।

निगाहें टिकाए राहों पर कर रहे हम इंतजार,
सावन का सितम कर रहा हमें और बेकरार।

बारिश की बूँदों को खुद पर रखने की चाह,
हर बूँद को खुद में रखने की चाह।

कमल का गुलाबी रंग गालों पर खिल गया है,
संभल कर चलते-चलते राहों पर कोई मिल गया है।

क्या वो अनजान बनेगा हमसफर,
या खत्म हो जाएगा कुछ देर बाद हमारा सफर।

जाने क्यों कहा उसे अनजान,
लगता है उससे है बरसों की पहचान।

उसकी एक चीज ने मन मोह लिया,
उसने सबको खुश करने के लिए सब कुछ किया।

समझ में आने लगा क्यों खिलने लगा है रंग,
अकेले चलते-चलते क्यों लगने लगा था जैसे कोई है संग।

चाँद आधा खिला हुआ है पर बिखेर रहा है पूरी चाँदनी,
राग चाहे हो अधूरा, पर पूरी होती है रागनी।

चेहरे पर मासूमियत का परदा नहीं है,
यह सच्चाई है धोखा नहीं है।

-आरती-

चाँद

चोरी-चारी मेरा चाँद चुराना,
चाँदनी के गुम हो चाने पर चाँद का बौखलाना।।

चाँद का चाँदनी को ढूँढने के लिए धरा पर आना,
चाँद के बिना आसमान का लगना सूना।

ढूँढ रहा है चाँद चाँदनी को धरा के कोने-कोने में,
पागल हो रहा है चाँद चाँदनी को खाने में।

विरह में चाँद की हालत हो गई बुरी,
कायम थी उनके बीच की दूरी।

चाँद को ओढ़ मैं रही थी इतरा,
हवाएँ मेरी जुल्फें रही थीं बिखरा।

फूलों ने अपने आगोश में रखा था भरा,
मेरे संग-संग इतरा रही थी धरा।

मैंने जब चाँद को चाँदनी के लिए तड़पते देखा,
अपने अभिमान को उठाकर मैंने कोने में फेंका।

चाँद को उसकी चाँदनी दी मैंने लौटा,
सज रहा था चाँद फिर अपनी चाँद के संग।
आ गया था आसमान में फिर उसका रंग।

-आरती-

अंदाज

मैंने हवाओं का अंदाज पूछा आसमान से,
मैंने फूलों की खूशबू का पता गुलिस्तान से।

पूछा था बहती नदी से साहिल के बारे में,
पूछा था राह में पड़े कंकड़ से,
उसकी मंजिल के बारे में।

वादी से पूछा उसकी खूबसूरती का राज,
चाँद से पूछा कहाँ से आया उसके पास अंदाज।

पूछा झरने से क्यों है उसकी अदा मतवाली?
पेड़ों से पूछा क्यों झूमे है उसकी हर डाली?

क्यों होती है इतनी निर्मल घास?
क्यों है इतने सारे रंग तितली के पास?

बारिश की बूँदों में कहाँ से आती है इतनी ठंडक?
क्यों लगती है धूप इतनी सबको कड़क?

पर्वत क्यों इतने ऊँचे हैं?
खेतों को क्यों किसान सींचे हैं?

जानते हैं बिन मतलब के हैं ये सवाल,
मैंने पूछा है इसका भी नहीं कोई मलाल।

इन सवालों का तो नहीं है मेरे पास कोई जवाब,
ये तो शायद हैं ऐसे, जैसे अगर कोई पूछे
क्यों आते हैं ख्वाब?

-आरती-

तन्हाई

हर वक्त एक तन्हाई का अहसास होता है,
जो होता है तन्हा सिर्फ उसी को
तन्हाई का अहसास होता है।

खुद को तो संभाल लेते हैं,
पर दिल तन्हाई में रोता है।

जो दूर है वो तो फिर भी करीब है,
पर जो करीब है वो ही मीलों दूर है।

कह तो लेते हैं सब पर कोई सुनता नहीं है,
तोड़ तो देते हैं सारे सपनों को पर कोई भी
उन्हें जोड़ता नहीं है।

हर वक्त खुश रहने की कोशिश की,
पर इस वक्त ने हमें यह तन्हाई दी।

तन्हाई से उलझते-उलझते खुद से उलझने लग गए हैं,
सबको संभालते-संभालते खुद फिसलने लग गए हैं।

क्या कोई नहीं जिसे हमारी इस तन्हाई का अहसास हो,
हम ही हर वक्त सबको याद दिलाते हैं
कि तन्हा रह गए हम।

तन्हाई तो दिल कभी-कभी ही चाहता है,
हर लम्हा तन्हा रहे तो दिल दहल सा जाता है।

एक तन्हा रहने का अहसास ले आता है आँखों में पानी,
जब तन्हा होते हैं तो छलक ही आता है आँखों से पानी।

-आरती-

गुनाह

लंबे अरसे से कुछ लिखना चाह रही थी कलम,
मौका मिला आज जब हमें और अब लिख रहे हैं हम
तो रूक ही नहीं रही अब ये कलम।

आँखों में कैद हैं अश्कों के सैलाब,
सवाल कितने है लोगों के, दूँ किस-किस को जवाब।

सोचा था तकदीर से समझौता कर लेंगे हम,
सोचा था सबकी तरफ दोस्ती के बढ़ाएँगे कदम।

हमने तो कदम बढ़ाया, पर कोई और न आगे आया,
तो अपने आप पीछे हट गए कदम।

बनना चाहा था औरों के लिए मिठास,
पर दुनिया ने किया हमारा बुरा हाल।

गैरों को दोष क्या दें जब अपनों ने ये हाल किया,
घर में तो हमें रहने दिया, पर दिल से निकाल दिया।

भीड़ में भी तन्हा थे हम,
किस से भला अपना ये हाल कहें हम।

जो गुनाह न किया उसकी सजा हमको मिली,
सच्चाई मुँह छिपाए रोती रही, झूठ को फिर खुशी मिली।

सवाल जो दिल में है, उनके किससे माँगे जवाब,
कौन है जो देगा हमारे इन सवालों का जवाब।

कोई तो नहीं जो हमें समझे,
कब तक सबको हम ही समझें।

दिल तो इस कदर तूने खुदा तोड़ा,
एक भी अरमान को तूने न छोड़ा।

अब तलक सोचते रहे, शायद कभी तो पूरा होगा सपना,
पर हर बार एक नया तोड़ा तूने हमारा सपना।

हर पल तो बिना स्वार्थ के पूजा था तूझे,
क्यों फिर तूने यह सिला दिया मुझे।

तोड़ चुका है तू सितम करने की सीमाएँ,
और टूट चुकी है अब बर्दाश्त करने की मेरी भी सीमाएँ।

-आरती-

खुशी

आँखों में सज रहा है एक सपना,
दिल को क्यों लगता है हर कोई अपना।

अपनों पर तो सबको आता है प्यार,
गैरों पर कुछ लोगों का ही उमड़ता है प्यार।

खुदा ने पूरी कर दी हमारी दुआ,
खुशी ने दिल को बहुत करीब से छुआ।

दस्तक दे रही थी खुशी बड़ी देर से,
छूना चाहती थी वो तो बड़ी देर में।

थामें थे गम की बाँहें,
चुप थी सारी दिल की चाँहें।

खुशी ने कहा खुश तुम रहा करो,
दर्द को खुद से दूर रखा करो।

उसकी यह बात दिल को इस कदर छू गई,
रंगों की दुनिया जीवन में अपना हर रंग भर गई।

उसने ख्वाबों को बड़े प्यार से सजाया,
मैंने अपना हर सुकून ख्वाबों में पाया।

क्यों लगता था पहले कोई तो हो,
ज़िंदगी में सिर्फ एक खुशी तो हो।

पर ज़िंदगी खुशियों का एक प्यारा सा तोहफा ले आई,
उसने हर कदम चहरे पर हमारे मुस्कुराहट
लाने की आरजू ही चाही।

-आरती-

किस्मत

रातों को चाँद को आसमान में देखा,
फिर अपने हाथों की लकीरो को देखा।

उसमें हमने जाने क्या देखा,
कि फिर हमने मुड़कर पीछे देखा।

जो होती है एक किस्मत की रेखा,
उसे तो हमने कभी न देखा।

चाहते तो बहुत कुछ थे पाना,
मुश्किल होता गया, अब हर दर्द को छिपाना।

आँसू आ ही जाते हैं आँखों में,
दर्द जाने कितना छिपा है इन साँसों में।

हर आहट पर लगता है, कोई है जिसे हमारी तलाश है,
दुख तो होता ही है जब हर किसी को
अपने मतलब की तलाश है।

-आरती-

चाँद और बदरी

बादलों का आज छिपाना आसमान को अपने दामन में,
चाँद का बिखेरना चाँदनी अपने आँगन में।

छिप कर बादलों में से चाँद का धीमे से निकलना,
जैसे किसी गोरी के सिर से आँचल का सरकना।

आँचल के ढलने से लोगों की नजरों में आना,
फिर धीमे से चाँद का बादलों में छिप जाना।

चाँद का आज तारों से नजरें चुराना,
बड़ा प्यारा लग रहा उसका हर बहाना।

उसका बादलों में छिपकर हमको सताना,
हल्का सा मुस्कुराकर हमको पटाना।

अपनी चाँदनी पर इतरा कर इठलाना,
थोड़ी सी चाँदनी बिखरा कर हमको बहलाना।

बदरियों की चादर में खुद को इस कदर लपेटना,
प्यार के हर अहसास को खुद में समेटना।

हवाओं का चाँद को प्यार से सहलाना,
चाँद का हया से फिर हिचकिचाना।

-आरती-

अस्तित्व

क्या हूँ मैं और क्यों हूँ मैं?
समझ न पा रही हूँ आखिर कहाँ हूँ मैं?

कहाँ खड़ा कर दिया है लाकर मुझे वक्त ने?
आखिर क्या और कहाँ मुझे दिया है सबने?

क्यों यूँ ही मैं हर वक्त खुद से उलझ जाती हूँ?
क्यों मंजिल तक पहुँच कर राह से फिसल जाती हूँ?

क्या है आखिर मेरा नाम, और मेरी पहचान?
क्यों नहीं होता अपनी पहचान बनना आसान?

खुद में खुद को ढूँढती फिर रही हूँ क्यों?
खुद के अंदर चल रहे युद्ध को शांत कर रही हूँ क्यों?

यह युद्ध ही तो मुझे खुद को तलाश करने को कहता है,
इस युद्ध में ही तो अस्तित्व को ढूँढने का रस बहता है।

हमें कोई भी आकर कुछ कह जाए,
नहीं होगा ऐसा कि अब उस दर्द को सहा जाए।

अपने गुणों को दुनिया को दिखलाना है,
क्या है यह सिर्फ बोलना नहीं बल्कि कर दिखलाना है।

जो मुकाम सिर्फ सपनों में देखा है, उस तक पहुँचना है,
इस बार उसे पाना है, उसके लिए नहीं तरसना है।

अंदाज जब है खुद में तो क्यों औरों जैसे बनें,
चाहेंगे अब और कि अब वो हम जैसे बनें।

शायद हम अपने अस्तित्व को तलाशने लगे हैं,
अपने अंदर छिपे कलाकार को तराशने लगे हैं।

क्या है हम, खुद को पहचानने लगे हैं।।

-आरती-

माँ

माँ शब्द है छोटा काफी,
कर्म है जिसका देना माफी।

नेत्रों में उमड़ता ममता का सागर,
भाग्यशाली हूँ ऐसी माँ को पाकर।

गोद में रखकर जिसके सिर,
भूल जाती मैं अपना सर्वस्व।

माँ की वंदना करते सारे देव,
मैं भी पूजूँ उसे सदैव।

माँ तो है वो अनमोल रत्न,
मिला जो हमको करने पर लाख यत्न।

कैसे करूँ मैं उसके गुणगान,
चेहरे पर उसके है फूलों जैसी मुस्कान।

जब भी माँ प्यार से मुझको चूमे,
खुश होकर मेरा रोम-रोम झूमे।

भइया से बढ़कर प्यार करे वो,
बहना से बढ़कर दुलार करे वो।
सच्चे दोस्त की तरह है वो।।

मेरी खुशी में जो है खुश,
दूँ न ऐसी माँ को कभी भी मैं दुख।

-आरती-

लक्ष्य

क्या ज़िंदगी में खुशी को पाना लक्ष्य है?
या ज़िंदगी में लक्ष्य को पाना खुशी है?

लक्ष्य करीब हो या हो दूर, दिल राजी हो या हो मजबूर।
लगेगा जाने क्यों देखे ये गगन हमें टुकुर-टुकुर।

साहिल से दूर बैठे हैं जान कर,
खुद से खफा हैं खुदा को खुद से खफा मान कर।

रेत को बंद करना चाहती है मुट्ठी,
पर रेत फिसल ही जाती है जितनी कस कर भी बंद हो
मुट्ठी।

इतना तो हमको रेत भी सिखाती है,
पहले किस्मत इस मुट्ठी में बंद हो जाती है।
और फिर धीरे से बगल में से खिसक जाती है।

रेत का है इतना कहना, इन हाथों को बंद न करना,
बंद किया तो फिर रेत के फिसलने के गिले मत करना।

धरती के इस सोने को जो अपने पास है रखना,
तो दोनों हाथों में भर कर इसको रखना।

अंजलि में भर कर छोड़ देना,
इसको उसके गर्भ में ही रहने देना।

-आरती-

चाहत

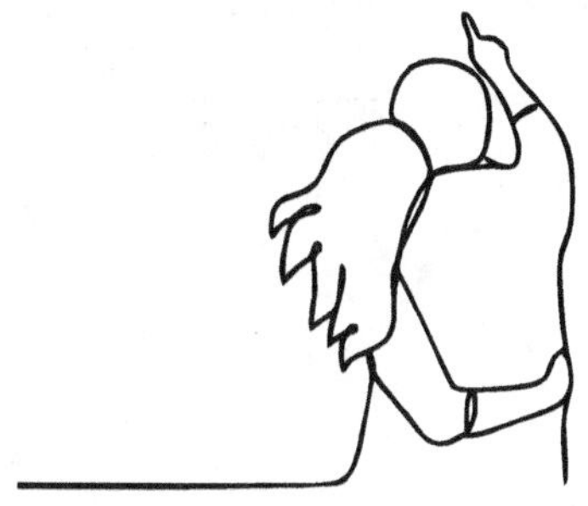

हवाएँ यूँ छूकर गुजर गई,
बिन गलती के वो हमसे गिला कर गई।

पत्ते यूँ बूँदों से लुप्त होते हुए,
टहनी से बिछड़ने से रोते हुए।

घास पर बिखरी हुई बारिश की बूँदें,
एक अहसास मन में आँखें मूँदें।

चाहत कुछ बंद कली से,
कुछ खिल-खिलाए से,
कुछ है वो शरमाए हुए से,
कुछ इतराए हुए से।

मन-मन ही मुस्कुराता सा प्यार,
आसमान में तारे सा झिलमिलाता सा प्यार।

दर्द का जाने क्यों हो नहीं रहा है अहसास,
क्योंकि एक अनजानी खुशी है हमारे पास।

बुरी नजर इस अहसास को लगे न कभी भी,
ईश्वर से हर वक्त दुआ है बस यही।

-आरती-

अहसास

एक चुलबुलाता अहसास,
संग अपने लेता जा रहा है,

एक अलग सा अहसास,
ख्याल शायद सजा रहा है।

दिल कहना चाहता है कुछ,
दिल बाँचना चाहता है कुछ।

अनगिनत सवाल कर रहा है बावला मन,
न जाने कैसी है दिल की उलझन।

किसी के साथ उम्र भर का रिश्ता जुड़ना,
उन्हीं की राहों में अब हम को है मुड़ना।

अनजाने शहर में जाकर घर बसाना है,
और हमें सब को अपना बनाना है।

हर रिश्ते को मन से हमको निभाना है,
प्यार सिर्फ पाना ही नहीं, हमको भी उसे लुटाना है।

रिश्ते जो जुड़े हैं महके अभी-अभी,
मुस्कुराए अब हमारे संग ये सभी।

रिश्तों के रंग फीके पड़ न पाएँगे कभी,
चाहे हो वो पुराने या हमसे वो जुड़े हों अभी।

-आरती-

कल हो न हो

अगर चाहते हो तुम प्यार करना तो कर लो,
चाहो अगर आसमां को छूना तो छूलो।

जो था कल वो तो जा चुका है,
अभी-अभी तुमने आज को छुआ है।

जो दिल में आज करने की चाह हो,
उस पर न कल के टूटे सपनों की आह हो।

आज जो खुश रहना चाहते हो तो,
फिर क्या गम जब ज़िंदगी में खुशी हो तो।

जो था तुम्हारे बीते हुए कल का सपना,
उस अधूरे सपने को तुम आज ही पूरा करना।

अपने तो पूरे हर सपने करना,
और सब को हर खुशी तुम देना।

जितना आज है वो कम है ये मत करना गिले,
कौन जाने कल तुम्हें उतना भी न मिले।

जीना चाहते होगे तुम शायद कल,
पर ज़िंदगी शायद न मिले तुम्हें कल।

आज में ही जी लो तुम अपनी ज़िंदगी क्योंकि
किसे पता है ''कल हो न हो''।

-आरती-

ज़िंदगी

ज़िंदगी को जीने में आ रहा मजा,
हर लम्हें का उठाना है हमें मजा।

जो न मिल पाया था कल,
हो सकता है मिल न पाए हमें वो आने वाले कल।

पर जो है आज और अभी है पास,
क्यों करें उससे ज्यादा की हम आस।

हर पल को अपना बनाना है,
हर पल जीते जाना है, आज तक आजमाया है किस्मत ने,
पर अब हमें किस्मत को आजमाना है।

सपने थे छिपे इन पलकों के भीतर,
बेरंग थे वो इन पलकों के भीतर।

आँखों से निकलकर आ गए हैं आज वो आसमान पर,
बिखेर रहे हैं आज अपना हर रंग इस जहाँन पर।

कैद हो दुनिया बाँहों में, नहीं चाहते हैं ऐसा,
थामे हों सब बाँहें काश हो जाए ऐसा।

सबके चेहरे पर हो एक मुस्कान,
दिल के बस इतने से है अरमान।

-आरती-

एक फूल

एक फूल रह गया कुछ मुस्कुरा कर,
कह गया बहुत कुछ वो तो इतरा कर।

इतराने का तरीका था अजीब,
पर इतरा रहा था तो ये उसका नसीब।

पुकारा तो पुकार को कर गया अनसुनी,
कहीं खोया हुआ था इसलिए नहीं पुकार सुनी।

मदहोशी का आलम था फैला,
आसमाँ भी था कुछ उजला कुछ मैला।

भँवरे थे उसमें खोने को बेकरार,
वो कर रहा था शायद किसी का इंतजार।

मोहब्बत का रंग था भरा हर जगह,
शिकवे बन रहे थे फासलों की वजह।

शिकवों को दूर करना हो गया था जरूरी,
मोहब्बत बन गई थी शायद मजबूरी।

एक भँवरा जो था सबसे हटकर,
जमा हुआ था फूल को रिझाने में डटकर।

फूल भी हो रहा था उस पर मेहरबान,
समझ आ रही थी उसे मोहब्बत की जुबान।

-आरती-

हया

हया के बादल अंबर में बिखरने लगे हैं,
शर्म के घूघंट अदा से उड़ने लगे हैं।

जुल्फें चहरे पर सेहरे की तरह सज गई है,
पैरों की पायल इतरा कर कुछ कह गई है।

पलकें जब-जब शरमा के झुकती हैं,
ज़िंदगी तब-तब कुछ फरमाने की कोशिश करती है।

मौसम के संग बदलते देखा ज़िंदगी के हर रंग को,
हवा के संग बजते देखा कुदरत की हर तरंग को।

बहाना बना रही है पेड़ों की डाली,
चुराना चाह रही है सुख गालों की लाली।

गालों का रंग चुरा कर आसमान में भरने की चाह,
आज कुदरत कर रही है खुद को मेरे हर रंग में
रंगने की चाह।

जाने न कहाँ से आए इतने सारे रंग मुझमें,
लिए हैं उधार या ये थे पहले से ही मुझमें।

हर रंग का अहसास हुआ है फिलहाल ही,
क्या ज़िंदगी ने मुझे छुआ है फिलहाल ही।

ज़िंदगी लग रही है एक खूबसूरत तस्वीर सी,
एक शर्मीली छबीली बागों के बीच टहलती सी।

लग रहा है जैसे प्यार की वादी में हों ठहरे,
सब हैं आजाद, हैं नहीं किसी पर भी पहरे।

झरने कल-कल कर बहते हुए,
हैं हर लबों पर मुस्कान बिखेरते हुए।

पेड़ हैं छाया लुटाते हुए,
कोई नहीं किसी से कुछ छिपाते हुए।

-आरती-

दुआ

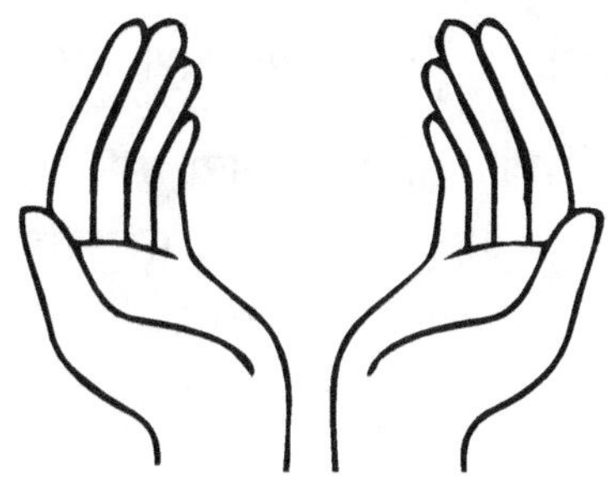

आँखों में सज रहा है एक सपना,
दिल को क्यों लगता है हर कोई अपना।

अपनों पर तो सबको आता है प्यार,
गैरों पर कुछ लोगों का ही उमड़ता है प्यार।

खुदा ने पूरी कर दी हमारी दुआ,
खुशी ने दिल को बहुत करीब से छुआ।

दस्तक दे रही थी खुशी बड़ी देर से,
छूना चाहती थी वो तो बड़ी देर से।

थामें थे गम की बाँहें,
चुप थी सारी दिल की चाहें।

खुशी ने कहा खुश तुम रहा करो,
दर्द को खुद से दूर रखा करो।

उसकी यह बात दिल को इस कदर छू गई,
रंगों की दुनिया जीवन में अपना हर रंग भर गई।

उसने ख्वाबों को बड़े प्यार से सजाया,
मैंने अपना सब कुछ उन ख्वाबों में पाया।

क्यों लगता था पहले कोई तो हो,
ज़िंदगी में सिर्फ एक खुशी तो हो।

पर ज़िंदगी खुशियों का एक प्यारा सा तोहफा ले आई,
उसने हर कदम चहरे पर हमारे मुस्कुराहट लाने की
आरजू ही चाही।

-आरती-